Trucos de
belleza
para chicas
con prisa

Título original: *Girl in a Fix*

Traducción: Roser Ruiz

1.ª edición: abril 2012

© 2007 by Orange Avenue Publishing LLC
© de las ilustraciones 2007 by Ali Douglass
© Ediciones B, S. A., 2012
   para el sello B de Blok
   Consell de Cent, 425-427 - 08009 Barcelona (España)
   www.edicionesb.com

Printed in Spain
ISBN: 978-84-939614-0-4
Depósito legal: B. 6.921-2012
Impreso por EGEDSA

Trucos de belleza

para chicas con prisa

Somer Flaherty y Jen Kollmer
Ilustraciones de Ali Douglass

B DE BLOK

Barcelona • Madrid • Bogotá • Buenos Aires • Caracas
• México D.F. • Miami • Montevideo • Santiago de Chile

Para esos días en que se masca la tragedia...

Ya sabes: cuando tu «mejor amiga» te ha pegado un chicle en el pelo, o cuando una horrible espinilla campa a sus anchas por tu cutis, o cuando tus pies empiezan a emitir un inusitado olor..., y tú, ¡hala, con las sandalias nuevas! Es que a veces se diría que el glamour está reñido contigo.

Justo en ese momento es cuando debes recordar el mejor secreto de belleza. No, no se trata de suerte ni de herencia genética. Estamos hablando de **tener recursos y ser ingeniosa**.

Una chica que sabe utilizar su cerebro y luce una sonrisa radiante es el doble de fabulosa que la que solo sonríe. Y aquí intervienen nuestros consejos. En este libro encontrarás un auténtico arsenal de soluciones para los típicos pro-

blemas de belleza: desde los de siempre, sobre el pelo y el cutis, hasta los más peliagudos, como los chupetones o la caspa. Y pensando en las más curiosas: también explicamos por qué nuestros truquitos dan resultado. ¿Sabías que los aguacates pueden remediar las puntas abiertas del pelo? ¿O que los melocotones contienen alfahidroxiácidos, excelentes para la piel? Aquí te presentamos los resultados de nuestras investigaciones, para que ya no tengas que decirte: «Vale, una rodaja de tomate en toda la cara, pero ¿por qué?»

Incluimos remedios para cuando no estés en casa y consejos para problemas que requieren una intervención urgente.

Trucos de belleza para chicas con prisa es el manual de belleza indispensable para las que tienen la cabeza en su sitio... y quieren presentarse con el mejor aspecto posible.

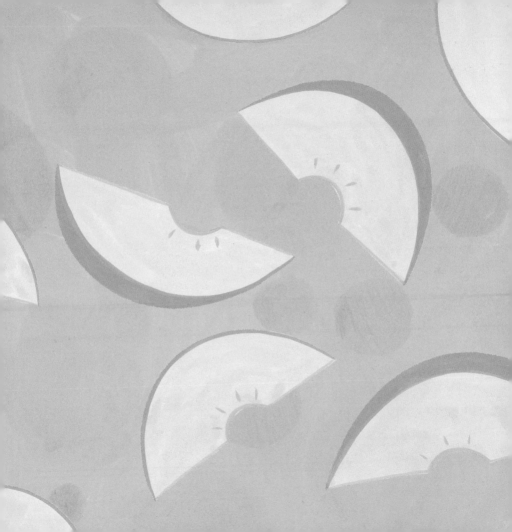

Que el cabello no te estrese

El problema

Falta solo una semana para el baile de fin de curso y detectas un grave problema: ¡tu melena! ¡Tienes las puntas abiertas y no te queda ni un eurillo para solucionar el tema! Que no cunda el pánico. No te precipites con las tijeras, porque hay solución.

El remedio

Hazte con unos cuantos aguacates bien grandes. Retira el hueso y la piel, y machácalos hasta convertirlos en una pasta... ¡Como si hicieras guacamole, ummm! Extiende la pasta por el pelo, especialmente en las puntas, y déjala al menos durante media hora. Aprovecha el ratito y busca por Internet un peinado guay para la gran noche. Después, lávate el pelo con el champú de costumbre y ya estarás preparada para dar el golpe.

Por qué da resultado

Las grasas vegetales del aguacate reparan las puntas abiertas. El efecto dura varios lavados. Así tendrás tiempo de conseguir algo de *cash* para ir a la pelu a que te corten el pelo.

Cuidados marinos para la piel

El problema

¿Piel áspera y escamosa? ¡Se impone una exfoliación con urgencia! Pero claro, si hay que decidir entre dedicar tus ahorrillos a salir de marcha con las amigas o invertirlos en un tratamiento no precisamente barato, es muy probable que tu piel lleve las de perder.

El remedio

¿Por qué elegir entre belleza y diversión si puedes tener ambas cosas? Busca ese paquete de sal marina que anda perdido en el armario de la cocina desde hace siglos y llévatelo a la ducha. Frótate el cuerpo con la sal, enjuágate bien, aplícate crema hidratante…, y, con la piel ya fina y aterciopelada, ¡a disfrutar con tus amigas!

Por qué da resultado

La sal abre los poros y prepara la piel para que absorba la crema hidratante. La sal marina es más gruesa y se deshace más que la sal común de mesa, con lo que resulta más suave al frotarla sobre la piel. Los cristales actúan como exfoliante, eliminando las células muertas.

Manicura mediterránea

Tienes las cutículas hechas un desastre y, por desgracia, en el instituto no abundan las manicuras. Pero la naturaleza te ha bendecido con tanta belleza como ingenio, así que durante la hora de comer le pides aceite de oliva y un cuenco a la encargada de la cafetería. Sumerge las uñas en el aceite durante quince minutos y luego lávate las manos. Así, de una tacada, habrás suavizado las cutículas, fortalecido las uñas y obtenido una nueva perspectiva de la dieta mediterránea.

Infusión clarividente

El problema

Después de pasarte toda la noche empollando para el parcial de química es evidente que tu aspecto deja que desear. La falta de sueño tiene sus consecuencias, pero sin duda has de ir a clase y dar el examen.

El remedio

Revitaliza tus fatigados ojos con manzanilla. Calienta agua hasta que hierva y viértela en una taza con dos bolsitas de esta hierba. Retíralas y ponlas en la nevera hasta que se hayan enfriado (unos diez minutos). Aplica una bolsita sobre cada ojo y échate un breve sueñecito reparador. Cuando te despiertes, estarás lista para superar el examen.

Por qué da resultado

Se ha demostrado que la manzanilla reduce mucho la inflamación..., tanto como algunas cremas que contienen esteroides. Además, su aroma actúa como un relajante mientras duermes esa media horita.

15

Mezcla a tono

Los colores de esmalte de uñas más habituales en los estuches de belleza de las chicas no son muy variados: rojo, rosa rojizo..., y rojo rosado. Para cambiar un poco, elige una sombra de ojos de un color que también te guste para las uñas. Rasca una pequeña cantidad de sombra de ojos y mézclala con esmalte transparente sobre un trozo de papel de aluminio. (Como te quedará esmalte sin mezclar, podrás preparar muchos colores más.) Prueba la nueva tonalidad directamente sobre las uñas hasta que consigas el color ideal.

Piel de melocotón

El problema

Mañana tienes que hacerte la foto del anuario. ¡Ay! Tienes la piel seca y apagada. Tu cutis necesita un estímulo rápido para que puedas ofrecer tu mejor imagen.

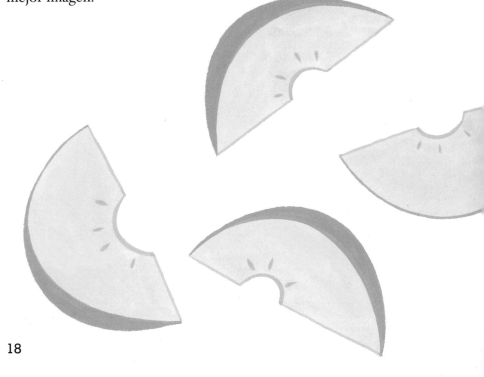

El remedio

El proceso para conseguir el efecto deseado quizá sea un poco pringoso, así que ponte una camiseta vieja. Elije un melocotón bien jugoso y corta unas cuantas rodajas. Lávate la cara y pásate las rodajas de melocotón por la piel, hasta que quede bien empapada. Dedica la media hora siguiente a pensar en el modelito perfecto para la ocasión. Pasado ese tiempo, lávate la cara y comprueba tu nuevo esplendor.

Por qué da resultado

Los melocotones contienen alfahidroxiácidos, con un suave efecto exfoliante, y vitaminas A y C, que son buenísimas para las células cutáneas. El jugo también abre los poros para acabar con las imperfecciones.

Tinte catastrófico

El problema

Ese teñido semipermanente hecho en casa no ha salido como esperabas, y ahora te encuentras con unas greñas horrorosas.

El remedio

Antes de recurrir a una solución profesional o de optar por llevar sombrero hasta que te crezca el pelo (lo que puede tardar entre mucho tiempo y una eternidad), prueba una solución casera. Es más efectivo si lo haces antes de que pasen cuarenta y ocho horas. Para empezar, aplica una mascarilla (encontrarás una receta excelente y barata en la página 42 de este libro), luego lávate el pelo dos veces con un champú anticaspa, y adiós problema (y caspa).

Por qué da resultado

Se supone que el tinte semipermanente tiene que desaparecer con los lavados. Para acelerar el proceso, básicamente hay que hacer lo contrario de lo que te recomiendan para conservar el color. La mascarilla debilita el pigmento. Luego el champú anticaspa se lleva el tinte, que acaba eliminándose con el aclarado.

21

¿Te faltan brochas?

Ayer por la noche te decidiste por un aspecto *smokey eyes*, que se extendió a todas tus brochas y pinceles. Y, claro, hoy no te sirven para el maquillaje rosado y natural que quieres ponerte. Te aconsejamos una incursión al material de dibujo de tu hermana. Elige unos cuantos pinceles medianos (súper limpios y sin la menor traza de pintura). Utilízalos para aplicarte el maquillaje, desde la base hasta la sombra de ojos.

Bien despierta... ¿o no?

El problema

Sí, ayer noche te pegaste unas risas con tus amigas envolviendo la casa del vecino con papel higiénico. Pero ahora no puedes ni abrir los ojos y tus padres ya han empezado a preguntarse adónde han ido a parar todos los rollos. ¡Tienes que parecer bien despierta!

El remedio

Simula el aspecto de una buena chica que se acostó temprano (y no salió a hacer gamberradas). Aplícate un poco de sombra de ojos blanca junto al lagrimal. Si aún tienes cara de sueño, ponte la sombra también justo bajo las cejas (¡adecuado para todos los tonos de piel!).

Por qué da resultado

La sombra de ojos blanca hace que tus ojos parezcan más abiertos y brillantes. Aunque solo sea una ilusión óptica, da el pego. ¡Tus padres no notarán la diferencia!

Combate esos olores

El problema

¡Esto es increíble! Por fin han rebajado esas sandalias tan divinas y justo queda un par de tu número. Al probártelas te sientes como Cenicienta, pero a lo *fashion*. Pues sí, puede ser un momento mágico, aunque a juzgar por el olor (¡Tierra, trágame!) nadie lo diría.

El remedio

Para erradicar ese tufillo tan poco fascinante, prepara un recipiente con agua caliente y tres cucharadas soperas de bicarbonato y pon los pies en remojo durante media hora.

Por qué da resultado

Como bien diría tu profe de química, al combinar un ácido y una base, estas dos sustancias reaccionan y dan agua y sal. Ésa es la cosa: el olor de los pies está causado por ácidos orgánicos, y el bicarbonato de sodio es una base suave. Al juntar ambas sustancias, obtendrás un poco de agua y sal, una mezcla inodora. Recuerda que en cuanto elimines el tufillo, podrás disfrutar de tus sandalias.

Aromas en la ciudad

Aunque no lo creas, un bolso tiene una capacidad limitada, y parece que tú estás llenando demasiado el tuyo. Es normal: el móvil, las llaves y el maquillaje son imprescindibles. Pero cuando has metido todo eso, resulta que no queda espacio para ese frasquito de perfume que querías llevarte. Para ahorrar espacio, humedece un pañuelo con el perfume y guárdalo en una bolsita de plástico con cierre. Cuando necesites renovar tu fragancia, solo tendrás que sacar el pañuelo y darte unos toques con él.

Patatas contra la hinchazón

El problema

Debido a algunos problemas con tu chico, padeces un irritante insomnio y tienes los ojos hinchados. Antes de maquillarte (y de que decidas cortar por lo sano), recupera la salud de tus ojos.

El remedio

Los antifaces de gel frío son eficaces, pero cuestan un ojo de la cara (nunca mejor dicho). Si lo que andas buscando es una solución rápida y barata, las patatas son la respuesta. Hierve una y déjala enfriar. Luego córtala en rodajas y aplícatelas sobre los ojos.

Por qué da resultado

Las patatas contienen almidón, que obra milagros para reducir la irritación y la hinchazón. Además, el frío contribuye a contraer los capilares sanguíneos de la piel, así que atenúa esas ojeras que te han salido por el disgusto. Ahora ya estás lista para una noche de desahogo con tu mejor amiga (¡no con el noviete!).

La Cosa del Pantano no es *cool*

El problema

Después de marcarte unos largos de piscina y de entregarte a fondo con las ahogadillas, te apetece dedicarte al bello arte de tumbarte a la bartola. Sin embargo, hay algo que te impide recuperar el estatus de diosa del bronceado: por culpa del agua de la piscina, tu pelo tiene una tonalidad casi verdosa.

El remedio

Lo primero: ponte un sombrero como quien no quiere la cosa y vete a casa. De camino, mientras se te seca el pelo al aire, compra zumo de tomate. Métete en la ducha y empápate bien el pelo con el zumo. Ponte un gorro de baño o una bolsa de plástico en la cabeza y dedícate a mirar durante media hora tu serie favorita. Cuando salgan los títulos de crédito, ya puedes volver a la ducha para lavarte el pelo con el champú y el acondicionador de costumbre. *Voilà!* El monstruo del pantano ya es historia.

Por qué da resultado

El pelo se vuelve verdoso debido a los metales pesados del agua de la piscina (el cobre, el hierro y el manganeso son los principales acusados). El zumo de tomate se alía con los metales y se los lleva con el aclarado.

Sobre la marcha

Oil-free gratis

El hecho de que te haya tocado un guaperas como compañero de laboratorio está guay. Que pueda ver su reflejo en los brillos de tu cutis ya no tanto. Pero en el instituto no es fácil que dispongas de esos mágicos papelitos secantes. No te preocupes: ve a los lavabos, coge papel higiénico, aplícalo sobre las zonas brillantes y el exceso de grasa se habrá eliminado.

Adiós a las manchas en las uñas

El problema

Llevas siglos pintándote las uñas de rojo intenso y ahora te apetece un *look* más natural. Cuando te quitas el esmalte, ¡horror!, ves que las tienes todas llenas de unas manchas feísimas.

El remedio

Sumerge las uñas en zumo de limón durante diez minutos y luego lima las manchas suavemente. Repite el proceso a diario hasta que estas hayan desaparecido.

Por qué da resultado

El zumo de limón es un astringente y blanqueador natural que elimina las manchas causadas por el esmalte que llevabas. Con el uso de la lima también estás retirando la capa dañada... ¡Pero no te pases, que te quedarías sin uñas!

Pelillos a la mar

El problema

Esa faldita de verano tienes que estrenarla como sea. Pero no te queda crema de afeitar, y parece que los pelos en las piernas aún no se han puesto de moda.

El remedio

Coge un poco de champú, frótalo sobre las piernas para que haga espuma, rasúratelas y ponte la falda.

Por qué da resultado

La espuma de afeitar no es más que una mezcla de jabones y agentes hidratantes. Los fabricantes quieren hacernos creer que es el único producto que sirve para el afeitado, pero no es así. Hay otros cosméticos que también sirven para eso. El champú es una elección especialmente acertada porque hace mucha espuma, está pensado para zonas con pelo y huele de maravilla. Para obtener una mayor suavidad, cuando estés en la ducha ponte en las piernas un poco de acondicionador del pelo y luego aclara.

Rapid SOS

Oportuna visera

Las horas que has dedicado a preparar el estilismo perfecto para la cena de Navidad del instituto no servirán de nada sin una buena fijación extra-fuerte para que ni un pelo quede fuera de sitio. Pero que la laca no vaya a parar a los ojos ni al maquillaje puede ser complicadillo, y el *look* pétreo no se lleva esta temporada. Ha llegado el momento de recurrir a esa horrible visera que tu madre guarda desde los años ochenta. (Si no es el caso, busca entre los bártulos de jugar a póquer de tu padre.) Ponte la visera mientras te echas laca en el pelo y así no acabarás con toda la cara pringosa.

41

Desenredando el lío

El problema

Tu pelo necesita con urgencia algo que le dé brillo y flexibilidad, pero los tratamientos de peluquería son prohibitivos para tu bolsillo.

El remedio

Tras descartar el salón de belleza, puedes prepararte una mascarilla para el pelo. Añade dos partes de aceite de canola (puedes encontrarlo en algunos herbolarios) a una parte de agua caliente y aplícate la mezcla en el pelo como si fuera champú. Al cabo de cinco minutos ya puedes lavarte el pelo. ¡Se acabaron los nudos!

Por qué da resultado

El cabello precisa de cierta cantidad de aceites para estar fuerte y brillante. Al lavarlo y secarlo, esos aceites pueden perderse, y el pelo queda seco y sin vida. El aceite de canola, muy parecido a los que se emplean en los tratamientos capilares más caros, te hidratará a fondo el cabello y le dará ese aspecto sedoso que tú deseas.

43

Papel de manos para los rizos mojados

De camino a clase, la lluvia ha convertido tus rizos perfectamente definidos en una fregona. Para secarte el pelo y que no te quede encrespado, recurre a las toallas de papel del baño... que por otro lado te salen gratis. Son perfectas para eliminar el exceso de humedad del cabello rizado sin alborotarlo. Solo tendrás que aplicar el papel dando toques sobre el pelo para que absorba el agua y ya podrás regresar al mundo normal.

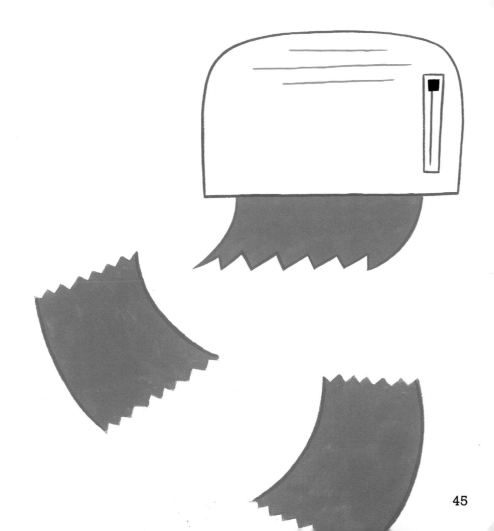

45

Los beneficios de la leche

El problema

Los planes para final de curso, los exámenes, ese trabajillo a tiempo parcial, por no mencionar tu vida social... Lo tuyo es un no parar, y tu piel empieza a reclamar que la cuides.

El remedio

Este truco va a dejarte el cutis suave como el de un bebé: llena la bañera con agua caliente y añade dos tazas de leche. Date un baño de media horita y luego enjuágate bien.

Por qué da resultado

Los baños de leche son bien conocidos desde los tiempos de Cleopatra, pero recientemente la ciencia ha descubierto la razón de su fama. La leche contiene ácido láctico, que tiene un suave efecto exfoliante y deja la piel suave y fina. Con este tratamiento te sentirás estupenda y dispuesta a muchas más actividades.

2%

MUUU

AGENDA

10:00 examen ✓
2:00 gimnasia ✓
5:00 estudiar
8:00 cita !!

¡Ojito con el grano!

El problema

Solo celebras tu cumpleaños una vez al año. Por desgracia, en esta ocasión ha coincidido con la aparición de un horrible grano en medio de la frente.

El remedio

Emplea unas gotas de colirio para que el grano se desinflame. En cuanto el maldito empiece a asomar, empapa una bola de algodón con el colirio y aplícalo durante unos minutos sobre la zona catastrófica. El enrojecimiento desaparecerá.

Por qué da resultado

El colirio calma los ojos irritados y enrojecidos cerrando los vasos capilares del globo ocular. Actuará de forma similar si lo aplicas en la zona inflamada alrededor de un grano: ¡ahora sí que puedes celebrar una fiesta por todo lo alto!

Frío, frío para las uñas

Has quedado con tus amigas y tienes el tiempo justo para pintarte las uñas. Pero ¿y para que se sequen? ¡Nooo! No te preocupes: es muy fácil mantener tu manicura en perfecto estado. Mientras el esmalte está todavía húmedo, pon las manos en agua muy muy fría, y la pintura quedará perfecta para revista.

51

Domina tu melena

El problema

Vas de camino a una entrevista de trabajo cuando descubres que la humedad del ambiente te ha dejado el pelo hecho un desastre. Tienes los productos necesarios en casa, pero el problema exige una solución ¡ahora mismo!

El remedio

Antes de tirarlo todo por la borda y anular la entrevista, ponte una pequeña cantidad de loción hidratante en las manos. (Si no tienes, ve a una tienda que ofrezca muestras gratuitas.) Luego pásate las manos por el cabello hasta que consigas dominarlo.

Por qué da resultado

A pesar de lo que digan los anuncios, un suavizante es un suavizante. Desde luego, hay fórmulas más adecuadas para el pelo y otras para las manos, pero en caso de necesidad, cualquier crema hidratante servirá para domar unas greñas díscolas.

Sin pasarse de la raya

Estás cansada de tu aburrida pinta de siempre y decides teñirte el pelo a juego con tu nueva y deslumbrante personalidad. Buena idea: a fin de cuentas, solo se vive una vez. Pero recuerda que cuanto más extremado sea el color, peor quedará si te pasas y te manchas la frente. Antes de teñirte de rojo ígneo o negro azabache, aplícate bálsamo labial siguiendo la línea de nacimiento del pelo para evitar mancharte la piel. Y, luego, ¡a cometer locuras!

bálsamo

55

Secado exprés para las uñas

El problema

Acabas de dar los últimos toques a tu manicura casera cuando descubres que apenas te quedan unos minutos para salir, y aún tienes que esperar a que se te sequen las uñas, vestirte y peinarte.

El remedio

El aceite antiadherente en espray sirve para que no se peguen los alimentos en la sartén. Rocía un poco en las uñas y el esmalte se secará antes.

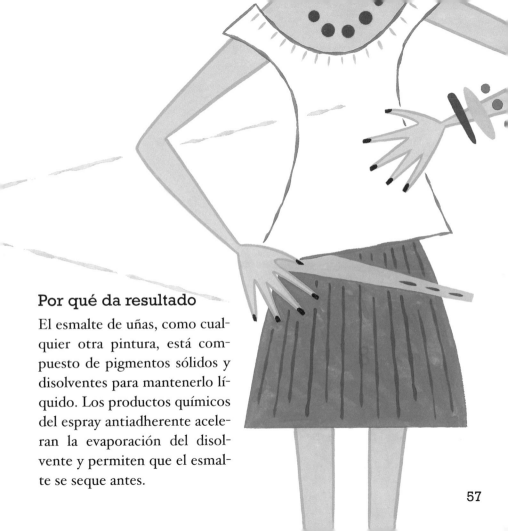

Por qué da resultado

El esmalte de uñas, como cualquier otra pintura, está compuesto de pigmentos sólidos y disolventes para mantenerlo líquido. Los productos químicos del espray antiadherente aceleran la evaporación del disolvente y permiten que el esmalte se seque antes.

57

Bye-bye chupetón

El problema

Conseguir una marca en el cuello es divertido. Ocultarla bajo un pañuelo en pleno verano, no tanto. Y, con cuarenta grados a la sombra, seguro que tus padres acabarán fijándose en que vas con bufanda.

El remedio

Por desgracia, lo único que elimina los chupetones es el tiempo. Pero al menos podrás reducir esa cosa delatora con este truco. Pon una moneda en el congelador hasta que esté súper fría. Luego aplícatela sobre la zona durante diez minutos. Repite la operación cada dos horas.

Por qué da resultado

Un chupetón es básicamente un hematoma causado por la ruptura de los capilares. El frío contrae los vasos sanguíneos y reduce la hinchazón. En un par de días, el cardenal habrá desaparecido lo suficiente para que cuele la vieja excusa de «me he quemado con la plancha del pelo».

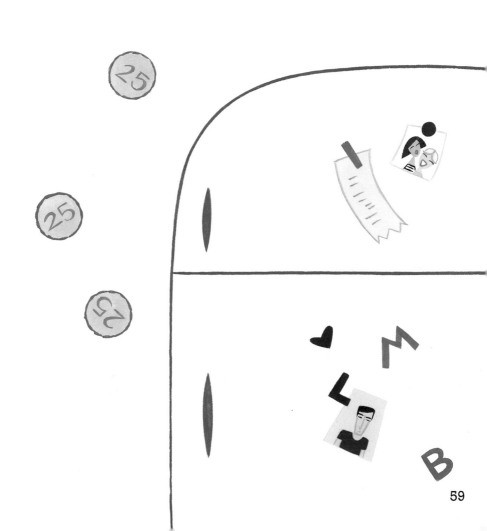

Medidas para el maquillaje

¿Andas tan escasa de *eyeliner* como de recursos económicos para comprarte uno? Olvida lo del atraco al banco. En un momento podrás convertir la sombra de ojos en un perfilador. Emplea un pincel de maquillaje en ángulo para aplicar una fina línea de sombra en lugar del delineador. Si prefieres el *eyeliner* líquido, moja el pincel antes de pasarlo por la sombra de ojos.

Mechas veraniegas

El problema

Has conseguido un bikini monísimo (de rebajas) y unas gafas de sol divinas (en un *outlet*), pero la peluquería ya no entra en tu presupuesto estival.

El remedio

Si tienes el cabello rubio o castaño claro, aprovecha la playa para conseguir unas mechas estivales sin pasar por caja. El limón (combinado con la luz solar y el calor) proporcionará un toque de luminosidad a tu pelo. Exprime entre cinco y diez limones (según la longitud de tu melena) y con el zumo obtenido llena una botella limpia que tenga pulverizador. Cuando llegues a la playa, rocíate el pelo de las raíces a las puntas y péinatelo. Túmbate en la arena (ponte protector solar, por descontado) y el zumo hará el resto.

Por qué da resultado

El zumo de limón, bajo los efectos de la luz solar, actúa como un decolorante natural. Asegúrate de que el día sea realmente soleado, de lo contrario conseguirás un fresco aroma, pero nada de mechas.

Volumen de urgencia

Esta mañana te has levantado tempranito y has terminado las tareas antes de ir a clase. Tenías la esperanza de que tu bonito peinado te diera una apariencia adecuada para la exposición oral que te toca hoy. Por desgracia, cuando llegas a clase descubres que tu pelo ha perdido volumen en la misma medida que tú has perdido la confianza en ti misma.

¡Alto, nada de salir corriendo a casa! Ve al lavabo y consigue una solución rápida. Pon la cabeza bajo el secador de manos. El aire caliente te ayudará a recuperar el efecto de los productos de peluquería que te has puesto a primera hora.

Pestañas de infarto

El problema

Llevas usando el rizador de pestañas desde los tiempos en que ni siquiera te dejaban maquillarte, pero últimamente te da la impresión de que tus pestañas ya no lucen como antes. Necesitan un toque especial.

El remedio

El problema no es el utensilio, sino la forma de usarlo. Pon el rizador bajo el chorro del agua caliente (¡pero no te pases con la temperatura!) durante diez o quince segundos y luego empléalo como de costumbre.

Por qué da resultado

El agua caliente proporciona suficiente calor para rizar bien tus pestañas. ¡Igual que un rizador del pelo, pero en pequeñito!

Solución de urgencia

El problema

Tu chico acaba de llegar, viene a buscarte, pero al darte el último repaso en el espejo descubres un lamentable caso de pelos en las piernas. Ya no hay tiempo de volver a la ducha. Lo que te faltaba. Ahora te pasarás la noche preguntándote si él se ha dado cuenta de tu descuido.

El remedio

Tómatelo con calma y dile que espere un poco (tú te lo mereces). Luego, aplícate una buena cantidad de aceite para bebé en las piernas y procede a afeitarte.

Por qué da resultado

El aceite para bebé actúa como una barrera protectora entre las cuchillas y tu piel, reduciendo la irritación. Tendrás un depilado perfecto para una cita aún más perfecta.

Descubre el cubierto

Es el momento del almuerzo y estás en el comedor pensando en la próxima hora: Matemáticas. ¿Cómo no va a gustarte una clase con superpoblación de chicos tan cachas como inteligentes? Es normal que quieras estar lo más guapa posible, pero entre la comida y la charla con las amigas, solo te quedan unos minutos para mejorar tu aspecto.

Y ahí es donde interviene ese cubierto de plástico que ponen en la cafetería. Ese híbrido entre cuchara y tenedor no solo sirve para comer bazofia, también puede ayudarte a conseguir unas pestañas con más volumen..., y más seductoras. Primero, coge un espejo y cierra el ojo por el que quieras empezar. Después, presiona el mango redondeado del utensilio por debajo de las pestañas y empuja hacia arriba presionando, hasta que consigas la forma deseada..

Coordinación ante todo

El problema

No es que seas una *fashion victim*, pero sin duda la coordinación de colores es un asunto de tu más alta consideración. Los zapatos deben hacer juego con el bolso, y el esmalte de las manos ha de ser el mismo que el de los pies. ¿Y que pasa con el color de labios? Cambias tan a menudo de sombra de ojos que, si tuvieras que comprarte un brillo nuevo cada vez, te arruinarías.

El remedio

Por suerte, puedes hacerte tu propio pintalabios. Cuando hayas encontrado una sombra de ojos de un color ideal para el *gloss*, coge una pequeña cantidad de sombra y mézclala con una chispa de vaselina. Pruébalo con distintas proporciones hasta que obtengas el tono perfecto.

Por qué da resultado

Casi todos los brillos de labios están compuestos por partículas de pigmento en suspensión en un gel brillante similar a la vaselina. Al aplicarte el cosmético, el color permanece en el gel y en tus labios.

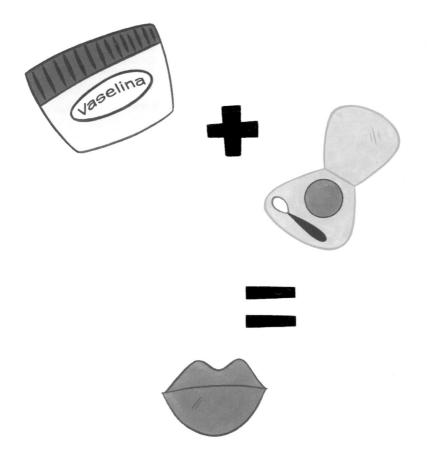

La primera impresión

El problema

Es importante que en las fotos de los documentos salgas favorecida, porque van a ser tu carta de presentación durante los próximos años. Cuando tengas que hacerte la fotografía, da un toque a tu peinado.

El remedio

Tu pelo necesita un tratamiento especial para el día D. Casca un huevo en un cuenco y tira la cáscara. Bátelo hasta que parezca que vas a preparar la tortilla perfecta. Aplícate el huevo batido en el pelo, déjalo reposar cinco minutos y lávalo como de costumbre.

Por qué da resultado

Cualquier nutricionista te dirá que los huevos aportan proteínas y grasas. Y resulta que estos son los ingredientes perfectos para nutrir el cabello. Los nutrientes penetran en las fibras capilares de forma que el pelo queda suave y con cuerpo. ¡Lista para una foto digna del *book* de una modelo!

Olvídate de las manchas

Aunque lleves un estilismo intachable, una manicura súper molona y tengas una agudeza mental por encima de la media, nadie reparará en ello si resulta que las manchas de desodorante en las axilas roban el protagonismo a todo lo demás (¡qué corte!..., pero al menos te has puesto desodorante ¿no?). Para eliminar esas odiosas marcas blancas sobre la marcha, refúgiate en el baño más cercano y quítate un calcetín. Vuélvelo del revés (esperemos que esta mañana te hayas lavado los pies) y frota vigorosamente la mancha hasta que desaparezca.

77

Escamada con la descamación

El problema

No es fácil mantener ese *look* entre *beatnik* y gótico cuando la caspa te cubre los hombros arruinando escandalosamente tu atuendo negro.

El remedio

Prueba con el vinagre de manzana. Vierte dos cucharadas soperas en una botella con vaporizador llena de agua y rocíate el cuero cabelludo. Dependiendo de lo grave que sea el caso de caspa, deja que el vinagre actúe entre quince minutos y tres horas. Lávate el pelo como de costumbre.

Por qué da resultado

Muchas veces la caspa aparece por culpa de los poros obstruidos y un pH demasiado alto en el cuero cabelludo, que suelen ser el resultado del uso indiscriminado de productos capilares. El vinagre equilibra el pH y contribuye a limpiar los poros. Así evitarás esa descamación sobre los hombros y podrás volver a ponerte los jerséis negros.

Frascos a punto

El problema

Rebuscar en tu colección de esmaltes de uñas el color perfecto es todo un reto. Pero una vez lo has encontrado, la lucha sigue: ahora tienes que desenroscar el tapón. Si es un frasco que llevas años sin abrir, prepárate para usar la fuerza.

El remedio

Para evitar esfuerzos futuros, pon un poco de vaselina en el interior del tapón del esmalte, donde está la rosca. Repite la operación cada pocos usos.

Por qué da resultado

La vaselina es un lubricante que tiene múltiples aplicaciones (como quitarte un anillo demasiado pequeño). Evitará que el tapón del esmalte se adhiera al frasco y te ahorrará esfuerzos musculares durante la manicura.

Stop al cabello graso

Aunque no llueve ni acabas de ducharte, tus amigas siguen preguntándote por qué llevas el pelo mojado. Es por culpa de la grasa, esa tirana, pero su reinado del terror va a acabar muy pronto. Si tienes el pelo de color claro, espolvorea una pequeña cantidad de talco y frota bien. Si el pelo te queda demasiado blanco es que te has puesto demasiado talco: sacude el exceso o repártelo bien por la cabeza. Si tienes el pelo oscuro, moja un algodón en una solución de hamamelis y pásalo por la zona más grasa. Cuando las amigas te pregunten qué te has hecho de diferente, diles que esta mañana te ha dado tiempo de secarte el pelo.

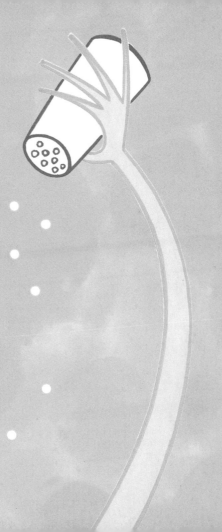

Acaba con los puntos negros

El problema

La primera impresión es la que cuenta, sobre todo cuando acabas de citarte con ese macizo al que le habías echado el ojo. Por desgracia, esos molestísimos puntos negros no contribuyen a mejorar tu imagen.

El remedio

Los tomates no solo sirven para las ensaladas y las hamburguesas. Corta uno por la mitad y frótatelo por la cara. Deja que el jugo actúe al menos durante diez minutos, luego aclárate bien. Repite el proceso a diario.

Por qué da resultado

El ácido del tomate contribuye a limpiar el cutis y a abrir los poros obstruidos, que dan lugar a los puntos negros. Muy pronto verás cómo desaparecen las imperfecciones..., y seguro que esa primera cita no va a ser la última.

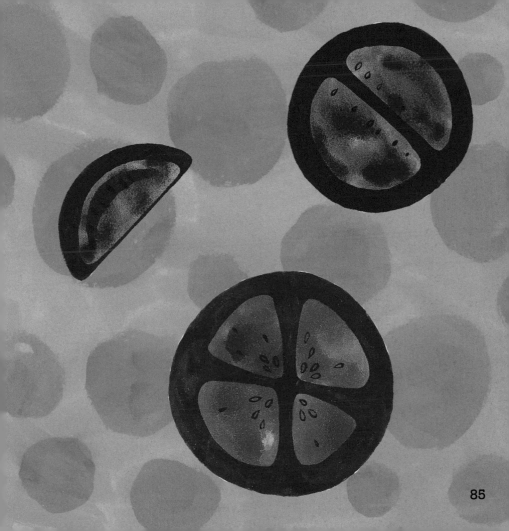

Un extraño olor

El problema

Anoche, tú y tus amigas salisteis de acampada... ¡Qué risas os pegasteis reviviendo vuestras excursiones infantiles! Pero ahora resulta que tu cabello desprende un olorcillo poco recomendable, y tienes una importante entrevista para la universidad.

El remedio

Por supuesto, lo mejor sería una buena ducha, pero si ya no hay tiempo para eso, coge una toallita suavizante de la lavandería. Si te la pasas por el pelo de la raíz a las puntas, conseguirás una fragancia fresca y limpia.

Por qué da resultado

Las toallitas suavizantes se meten en la secadora para que la ropa huela realmente a limpio. Al pasártelas por el cabello, el papelito aportará su esencia disimulando cualquier tufo.

Rapid SOS

Cabellos dóciles y fragantes

¿Te has quedado sin laca y no tienes tiempo para ir a comprar más? Prepara un cazo con dos vasos de agua, añade un limón cortado en rodajas y ponlo a hervir. Cuando el líquido se haya enfriado, llena con él un vaporizador. Ya puedes empezar a domar esa pelambrera.

VAPORIZADOR

Belleza exprés

BIOLOGÍA
AUTOESCUELA

CASTELLANO

El problema

Te has cambiado de instituto y, después de una semana en la que has conocido a tus nuevos compañeros, probado otro maquillaje e intentado causar buena impresión, tienes la piel..., bluf.

El remedio

Reanima tu cutis con un café facial. Dile a tu madre o a tu padre que cuando preparen una cafetera no tiren el poso del café y te lo den. Cuando esté frío, mezcla un cuarto de taza del poso con la clara de un huevo. Date un masaje en la cara con esta mezcla y deja secar. Aclara bien con agua templada y descubrirás un cutis radiante.

Por qué da resultado

El poso del café actúa como un exfoliante y elimina las células muertas al tiempo que proporciona antioxidantes a la piel. Cuando la clara de huevo se seca, forma una especie de mascarilla que, al ser retirada, arrastra las impurezas. El resultado: una piel más suave y revitalizada.

Una situación peliaguda

Cuando tu mejor amiga empezó a hacer descomunales globos de chicle, la cosa te pareció la mar de divertida. Cuando el globo de marras explotó y se te pegó al pelo, tus risas cesaron de golpe. Antes de raparte el pelo y lanzarte a la carrera militar, intenta masajear el pegote con aceite vegetal. Así se ablandará el chicle y podrás retirarlo poco a poco.

93

Calcetines para los pies resecos

El problema

Has tenido un día maratoniano de rebajas y estás súper contenta con los maravillosos modelitos que te has agenciado a mitad de precio. Claro que tus pies no están tan contentos: más bien se encuentran cansados, resecos y necesitados de mimos.

El remedio

Aplica una crema hidratante en tus pobres piececitos y ponte unos calcetines en cuyo interior habrás espolvoreado talco. Déjatelos puestos toda la noche.

Por qué da resultado

Los calcetines mantienen la crema hidratante en la piel, evitando que se evapore o que se elimine al contacto con las sábanas. Gracias al talco, además, no absorberán toda la crema. A la mañana siguiente, después de este tratamiento, tendrás los pies suaves, relajados y dispuestos para otro día de rebajas.

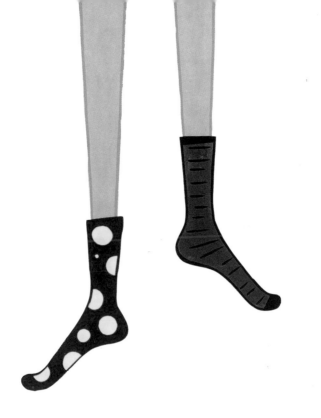

Sobre las autoras

Somer Flaherty vive en San Francisco, California. Es redactora en *Marin Magazine*, además de colaborar en otras publicaciones. Fue redactora en *Loud*, la revista de ámbito nacional para adolescentes. Cuando no escribe le gusta mirar a la gente y probar extravagantes trucos de belleza con sus amigas.

Jen Kollmer vive en San Francisco, donde trabaja como redactora independiente y cineasta. También ha sido diseñadora. Sus piezas dramáticas se han publicado en el *Fourteen Hills* y se han representado en el Kennedy Center y en el Marin Head. Es coautora del libro *Trucos de relajación para chicas estresadas*.

Ali Douglas es ilustradora *freelance*. Su trabajo ha aparecido en campañas de publicidad, tarjetas postales y diseños textiles, además de en publicaciones como el *New York Times*, *YM* y *Seventeen*. Vive en San Francisco.

31901051489815